Margit Dassen

Ravensburger® Hobbykurse

Schöne Puppen modellieren

Otto Maier Verlag
Ravensburg

CIP-Kurztitelaufnahme der Deutschen Bibliothek

Dassen, Margit:
Schöne Puppen modellieren/Margit Dassen.
[Schwarzweissfotos: Gretel Menzel. Farbfotos:
Silvester Dassen]. – Ravensburg: Maier, 1986.
  (Ravensburger Hobbykurse)
  ISBN 3-473-45679-9

© 1986 Otto Maier Verlag Ravensburg
Alle Rechte vorbehalten
Schwarzweißfotos: Gretel Menzel
Farbfotos: Silvester Dassen
Zeichnungen: Margit Dassen
Puppenmöbel: Leihgabe aus der Sammlung
von Luise Frank
Satz: E. Weishaupt, Meckenbeuren
Gesamtherstellung: Himmer, Augsburg
Printed in Germany

89 88 87 86   4 3 2 1

ISBN 3-473-45679-9

Inhalt

5   *Einleitung*

6   *Werkzeug und Material*

10   *Das Modellieren*
10   Der Kopf
22   Die Arme
26   Die Beine

30   *Schleifen*

31   *Grundieren*

32   *Bemalen*
32   Die Augen
34   Der Mund
34   Die Wangen

38   *Der Körper*
41   Schnittmuster
46   Die Perücke

50   *Die Kleidung*
50   Die Schuhe
51   Hüte
54   Schnittmuster

Einleitung

Wenn man von Puppen spricht, werden Kindheits-
erinnerungen wach, man denkt an die Spielgefährten
vergangener Zeit. Viel Träumerisches und Spiele-
risches liegt darin. Vielleicht ist gerade unsere heu-
tige nüchterne Zeit der Grund dafür, daß Puppen so
begehrte Sammelobjekte geworden sind. Auch das
Puppenmachen wird somit wieder wach. Es bieten
sich viele Möglichkeiten des Puppenmachens an. So
stehen uns fertige Formen für Porzellanpuppen zur
Verfügung, Gesichtsmasken für Stoffpuppen werden
angeboten, wir können Puppen aus Rupfen, Holz
und vielen anderen Materialien herstellen.
Die wohl schöpferischste Art jedoch ist das Selber-
modellieren, man kann seine Phantasie dabei frei ent-
falten. Jede Puppe bekommt einen anderen Gesichtsausdruck und wird durch die entsprechende Kleidung
zum liebenswerten Einzelstück, welches in jede
Wohnung eine persönliche Atmosphäre zaubern kann.
Wer Freude am kreativen Gestalten hat und etwas
Nähen kann, wird hier ein neues Hobby finden, mit
dem man viele schöne Stunden verbringen kann.

Margit Dassen

Werkzeug und Material

Nach vielen Versuchen mit allen möglichen auf dem Markt erhältlichen Modelliermassen kann ich Holzy von der Firma Eberhard Faber besonders empfehlen. Es läßt sich sehr gut modellieren, gut nacharbeiten und ist so stabil, daß sogar Bohren, Schnitzen und Sägen möglich ist. Der Vorteil dieser holzähnlichen Modelliermasse ist, daß man ständig etwas verändern kann. Das heißt, selbst wenn das Material getrocknet ist, kann man noch etwas hinzufügen. Wichtig ist dabei nur, daß die aufzufüllende Stelle gut angefeuchtet wird. Ebenso kann später alles, was einem zuviel erscheint, durch Schleifen mit Schmirgelpapier oder mit einem scharfen Messer weggenommen werden.

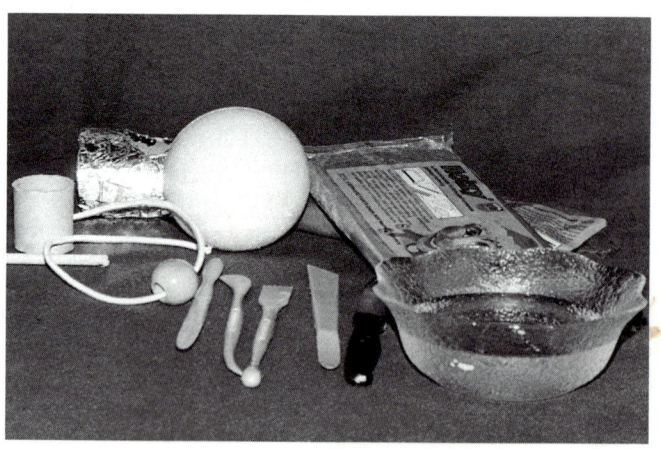

Man benötigt folgende Materialien:

2 Päckchen Modelliermasse (Holzy)
1 Styroporkugel, 8 cm ⌀
1 Küchenmesser, 1 Zahnstocher
1 Modellierbesteck
1 Stück Papprolle, 3 cm lang und ca. 3 cm ⌀ (von Alu- oder Frischhaltefolie)
1 kleine Schale mit Wasser
15 cm Puppenaufziehgummi oder ähnliches ca. 3 mm starkes Gummi
1 kleine, mit einem Loch versehene Holzkugel, 2 bis 2,5 cm ⌀
1 Rundholz, etwa 3 cm lang

Vorbereitung für das Modellieren des Köpfchens:
Zum Modellieren des Kopfes benötigt man einen Modellierstock aus einer kleinen, oben mit einem Loch versehenen Schraubzwinge, auf die ein ca. 20 cm langer und 1,5 bis 2 cm dicker, oben angespitzter Holzstock geschraubt wird.

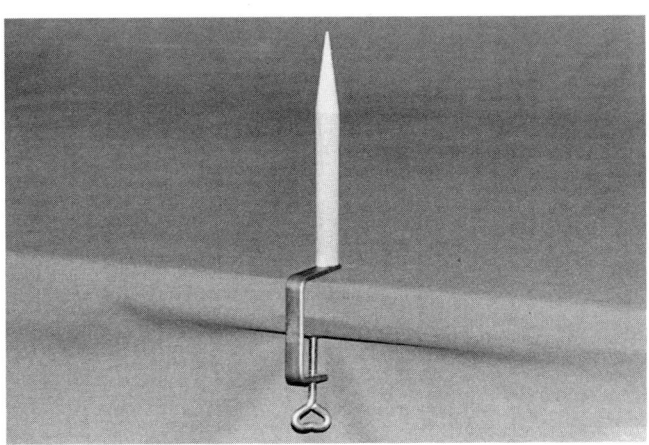

Die in diesem Buch beschriebenen Puppen haben eine Gesamthöhe von ca. 50 – 53 cm. Es können auf die gleiche Art jedoch auch kleinere und größere Puppen gefertigt werden; die Styroporkugel muß dann entsprechend kleiner oder größer gewählt werden. Ebenso muß der Körperschnitt abgeändert werden. Wichtig ist, darauf zu achten, daß die Proportionen stimmen.

Das Modellieren

Der Kopf

Für den Kopf benötigt man zunächst die Styroporkugel, die man an zwei gegenüberliegenden Seiten kräftig eindrückt, so daß sie ein Oval bildet. Dann wird das 3 cm lange Stückchen Papprolle, das als Stütze für den Hals gedacht ist, von unten in die Styroporkugel gedrückt. Hierzu werden die Umrisse der Papprolle mit dem Messer in das Styropor geritzt.

Nachdem die Kugel auf den Modellierstab aufgespießt ist, wird mit dem Modellieren begonnen. Die Modelliermasse muß vor der Verwendung immer gut durchgeknetet werden, damit sie geschmeidig wird und in einem mit Wasser ausgespülten Frischhaltebeutel aufbewahrt werden.

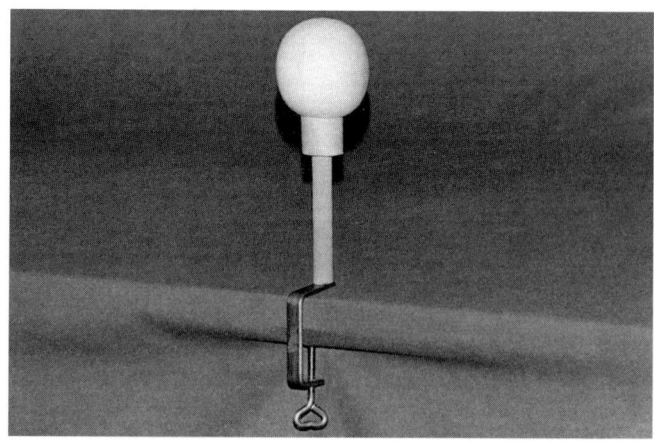

Der Modellierstock wird an einen Tisch geschraubt und die vorbereitete Styroporkugel aufgespießt.

10

Beginnend am Oberkopf, wird die Modelliermasse stückweise angesetzt, mit feuchten Händen glattgestrichen (ca. 4 mm dick); auch das Pappröllchen für den Hals wird bedeckt. Nun zieht man mit einem Bleistift in der Mitte des Gesichts eine Linie und 3 Querlinien.

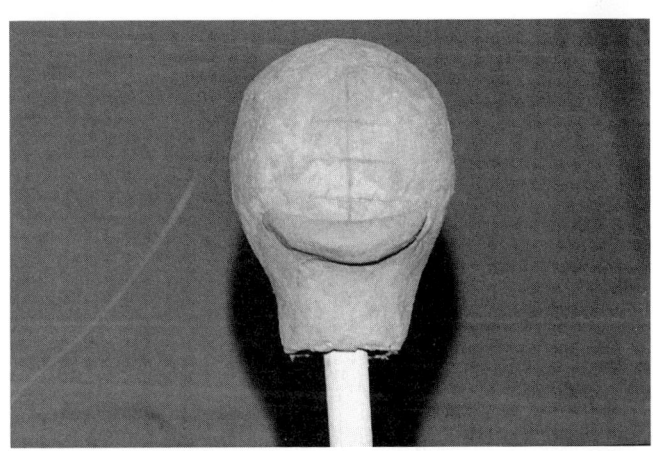

Jetzt beginnt man mit dem Formen des Gesichtchens. Man nimmt ein kleines Stück Modelliermasse, formt es zu einem Röllchen und setzt es als Unterkiefer an. Alle angesetzten Teile werden nach oben und unten sowie zu den Seiten glattgestrichen, dabei den Untergrund vorher immer gut anfeuchten.

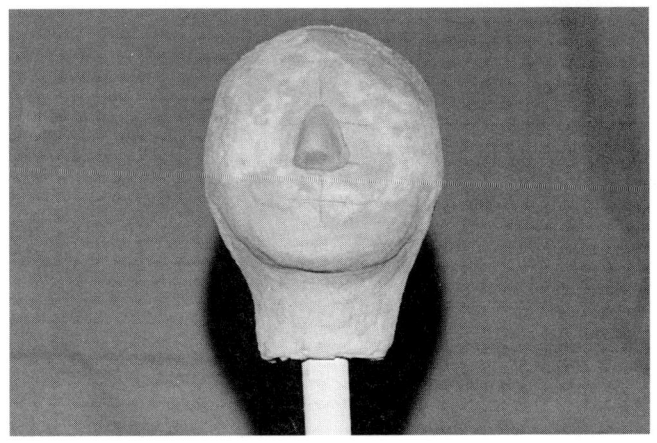

Ein kleines, zum Dreieck geformtes Stück Modelliermasse wird als Nase, mit der breiten Seite nach unten auf der mittleren Querlinie angebracht und wieder in alle Richtungen schön glattgestrichen.

Jetzt werden zwei winzig kleine Kügelchen geformt und als Nasenflügel links und rechts angesetzt, die Ränder werden wieder durch Glattstreichen verbunden. Man nimmt den Zahnstocher und bohrt zwei nicht zu große Nasenlöcher, wobei man mit dem Zahnstocher leicht nach außen drückt und so die Nasenflügel noch etwas wölbt.

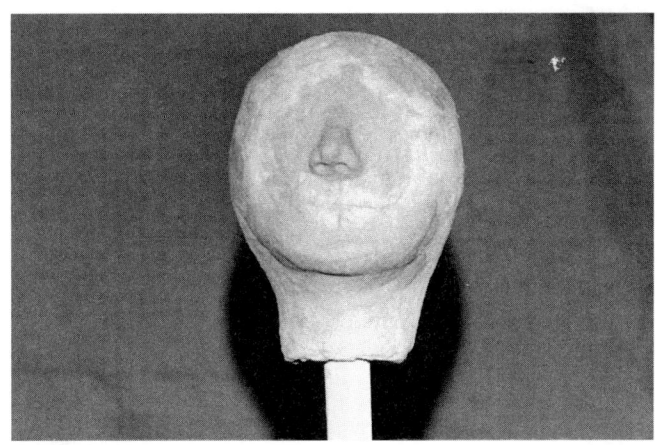

Ein kleines, breitgezogenes Dreieck wird nun unterhalb der Nase angesetzt und glattgestrichen, dazu feuchtet man immer wieder die Finger sowie den Untergrund an.

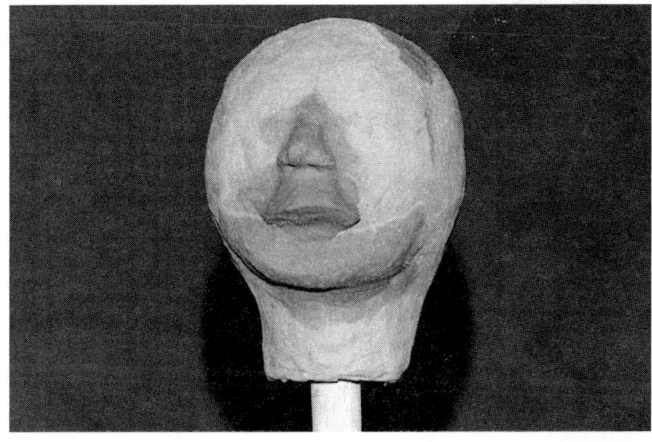

Nun setzt man ein kleines Röllchen waagrecht darunter und verbindet es durch Glattstreichen. Mit dem Messer schneidet man quer den Mund auf und formt mit dem Modellierstab die Lippen. Mittig zwischen den beiden Lippenbögen, unmittelbar unter der Nase, drückt man nun mit dem Modellierstab eine kleine Kerbe ein.

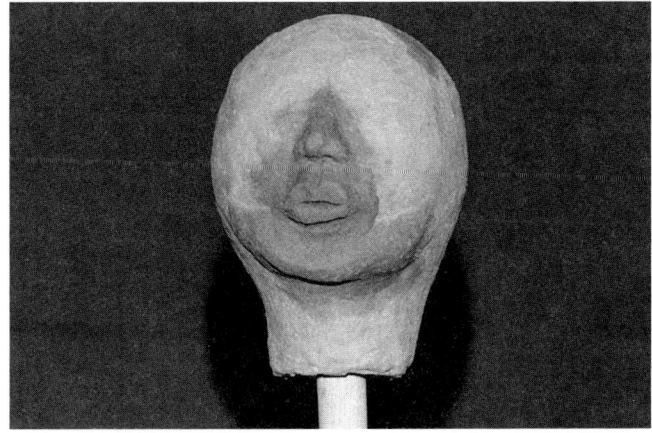

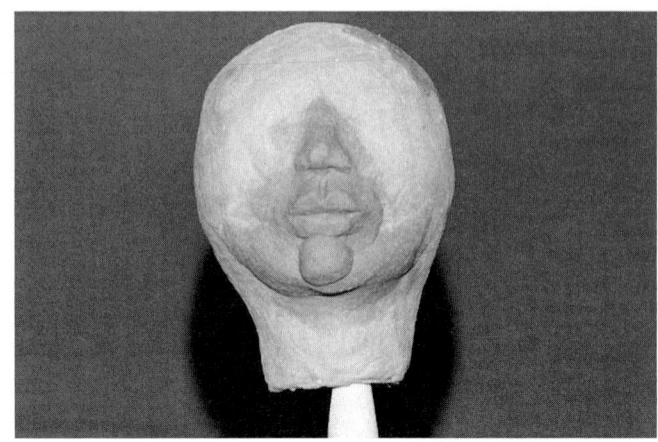

Ein weiteres Kügelchen setzt man jetzt als Kinn unterhalb der Unterlippe an und streicht es glatt.

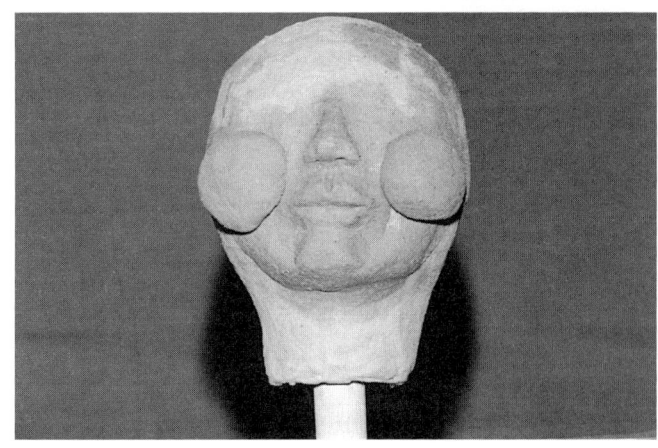

Zwei größere Kügelchen Modelliermasse bilden nun die Wangen. Man setzt sie links und rechts auf dem wiederum gut angefeuchteten Untergrund neben der Nase an.

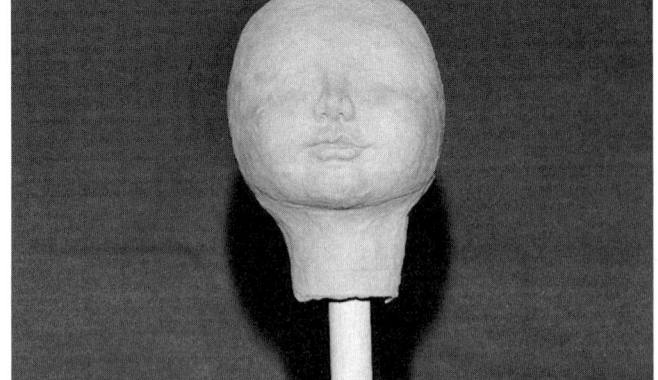

Die Wangen werden dann nach allen Seiten hin, auch zum Mund hin, ausgestrichen.

14

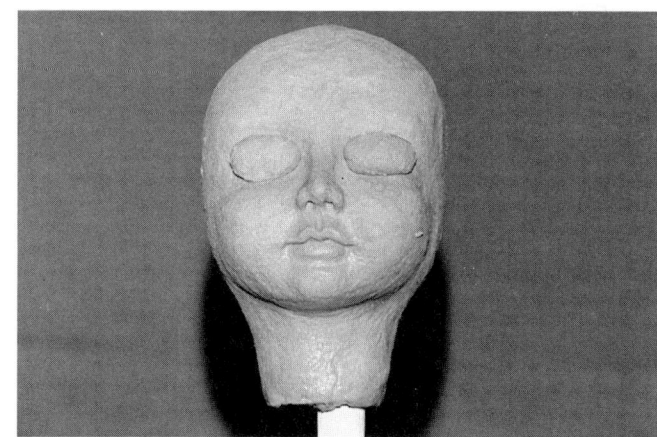

Zwei Stückchen Holzmasse formt man zum Oval und setzt sie quer links und rechts neben der Nasenwurzel als Augen auf.

Mit dem Modellierstab zieht man jetzt mit leichtem Druck die Augenlinien so, als wolle man sie zeichnen. Die sich so bildenden Ränder um das Auge werden nach oben sowie nach unten glattgestrichen. Die dadurch entstandene starke Augenwölbung wird mit dem Messer etwas weggenommen und der Augapfel nur leicht gewölbt geformt.

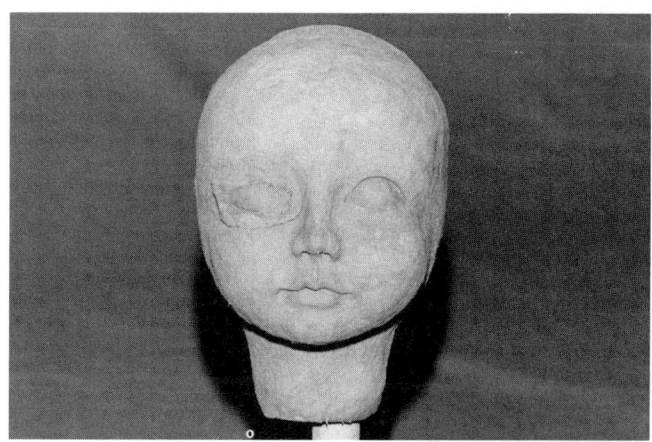

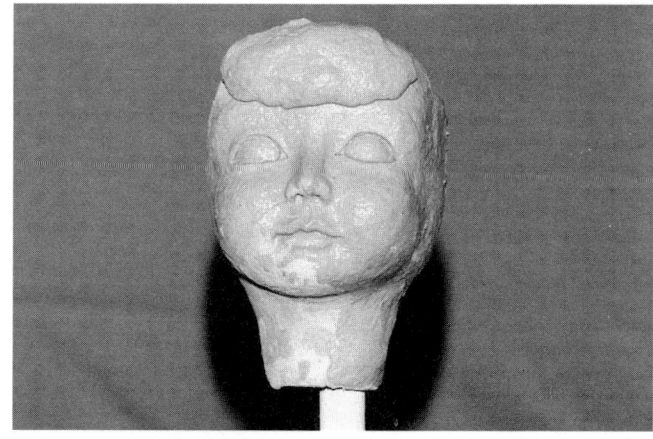

Ein größeres Stück Modelliermasse wird als Stirnwölbung oberhalb der ersten Querlinie – also über der Nasenwurzel – gesetzt und mit feuchten Fingern glattgestrichen.

Bei den oben abgebildeten Puppen sind Glasaugen
verwendet worden. Zum Einarbeiten der Glasaugen
werden zunächst in die Styroporkugel die Augenhöhlen geschnitten. Dann werden die Kugel und die
Augenhöhlen mit Modelliermasse bedeckt. In die noch
feuchte Masse werden die Augen eingesetzt. Dann
wird das Gesicht, wie in der Arbeitsanleitung
beschrieben, modelliert und als letztes die Augen
ausgeformt. Vor dem Schleifen werden die Glasaugen
mit etwas Klebeband abgedeckt, damit sie beim
Schleifen geschützt sind.

Von der Seite überprüft man, ob die Wangen gleich sind und die Augen in gleicher Höhe sitzen. Der Hinterkopf wird befeuchtet, am Oberkopf ein Stück Modelliermasse angesetzt und nach hinten ausgestrichen. Der Hinterkopf sollte von der Stirnwölbung an leicht ansteigen, damit die Perücke gut sitzt.

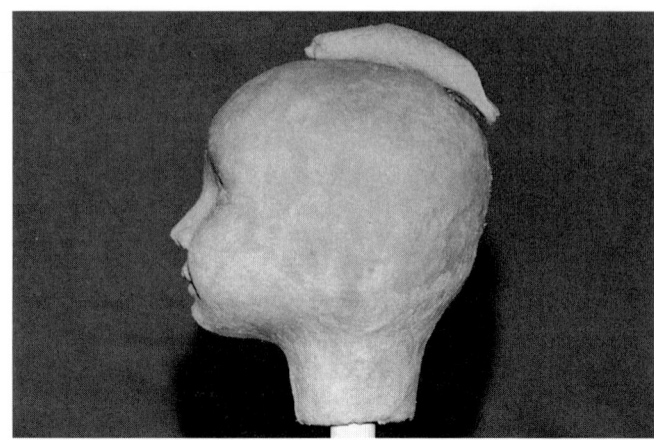

Für die Ohren werden 2 kleine Ovale seitlich angebracht. Der untere Rand des Ohres sollte mit der Unterkante der Nase abschließen. Mit dem Daumen drückt man das Oval auf den befeuchteten Untergrund, das Ohr wird dann mit dem Modellierstab geformt.

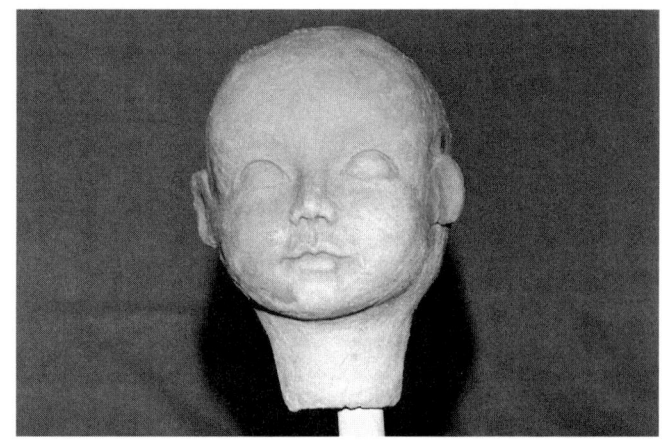

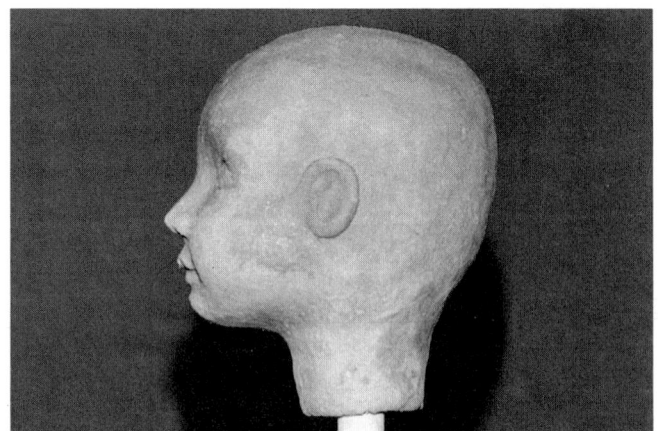

Das fertig modellierte Köpfchen muß nun etwa eine Woche trocknen.

Nach einigen Tagen Trok-
kenzeit nimmt man den
Kopf vom Modellierstock
und drückt die an dem
Gummi befestigte Holz-
kugel fest in das schon
vom Modellierstock vor-
gebohrte Loch.

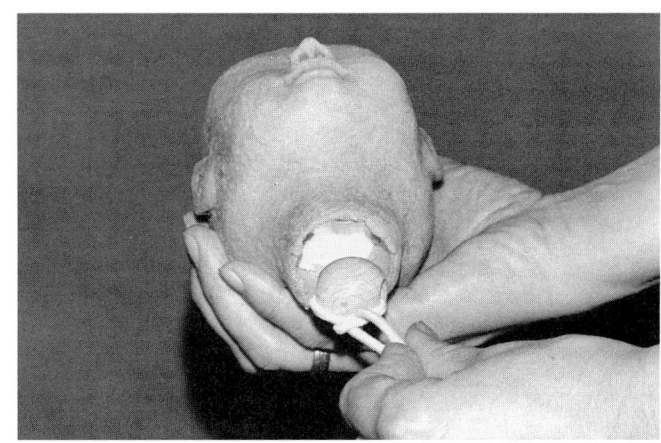

Mit etwas Modellier-
masse verschließt man
dieses Loch so, daß das
Gummi noch beweglich
ist.
Der Hals wird nun nach
unten birnenförmig
abgerundet. Auch hierbei
ist darauf zu achten, daß
das Gummi beweglich
bleibt.

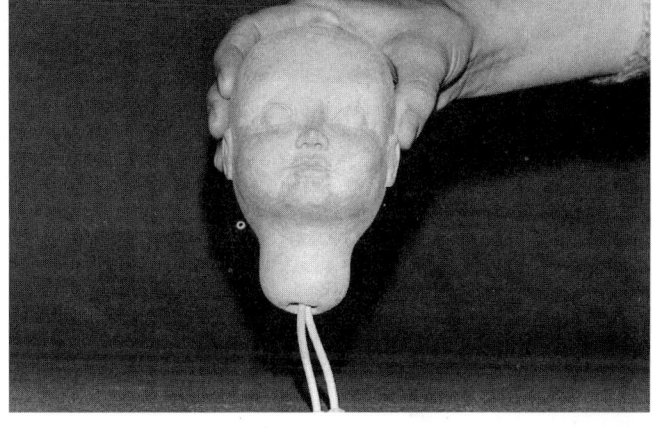

Für die Brustplatte
schneidet man ein ca.
9 cm langes Stück Papp-
rolle (vom Toilettenpa-
pier) zurecht und versieht
es mittig mit einem dem
Durchmesser des Halses
entsprechenden Loch.
Diese Pappstütze wird
mit Alufolie umhüllt,
damit sie sich später
wieder gut lösen läßt.

Nun wird die Pappstütze ca. 5 mm dick mit Modelliermasse bedeckt. Dabei kann man den Brustansatz leicht wölben. Die Halsvertiefung in der Brustplatte wird gegengleich der Halsabrundung geformt und mittig mit einem kleinen Loch versehen, durch das später das Aufziehgummi gezogen und mit dem Rundholz stramm verknotet wird.

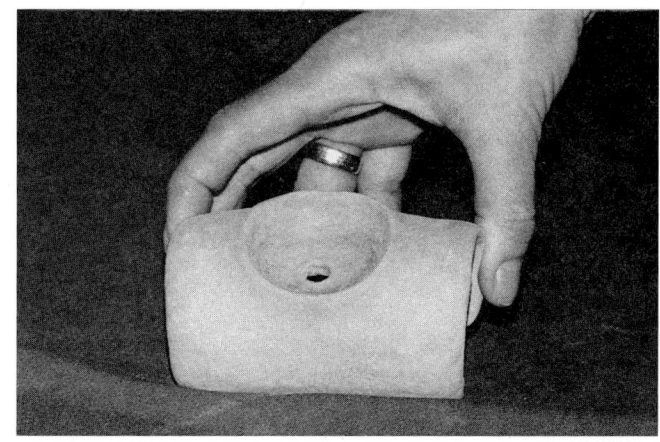

Zum Schluß bohrt man mit dem Zahnstocher (in die noch weiche Masse) an den Ecken der Brustplatte 4 Löcher, jedoch nicht zu weit nach unten, damit sie später beim Annähen des Körpers nicht ausreißen.

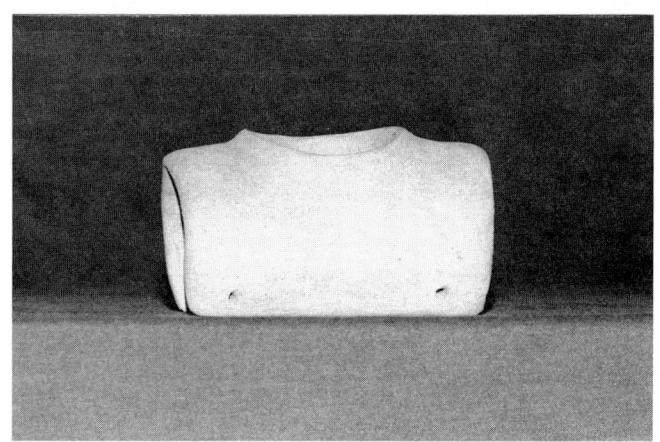

Die Arme

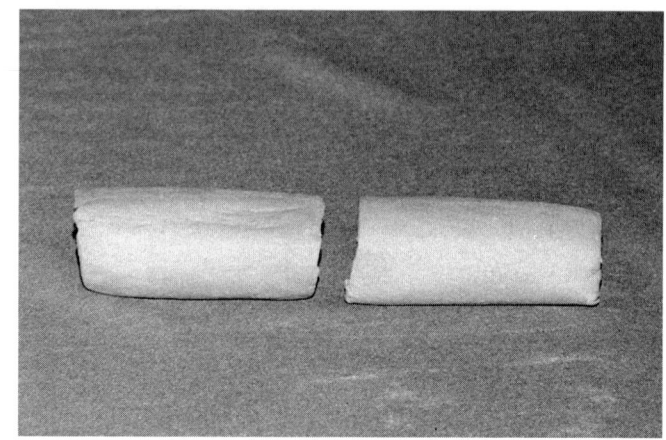

Aus einem großen Stück Modelliermasse wird eine etwa 2,5 – 3 cm dicke, ca. 14 cm lange Rolle hergestellt. Diese teilt man mittig in zwei gleiche Hälften.

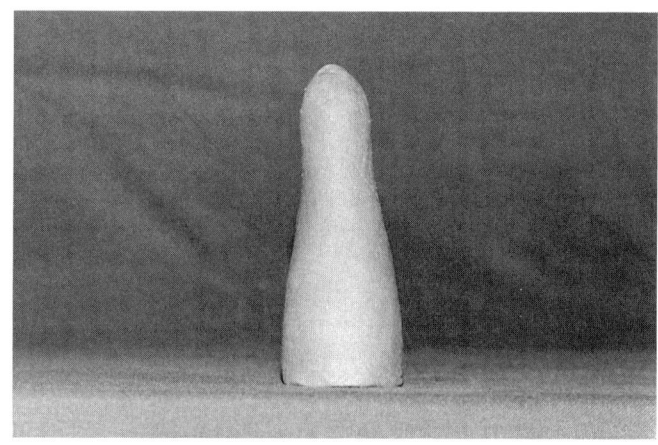

Zwischen den Händen wird nun jede Rolle noch einmal geformt, dazu stellt man die Rolle aufrecht auf den Tisch, legt die Hände etwas schräg um die Rolle und rollt sie mit nach oben verstärktem Druck, so daß sie kegelförmig wird.

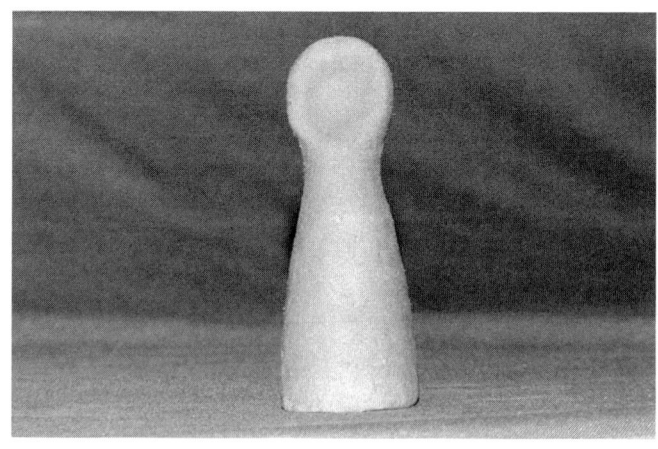

Mit dem Daumen zieht man jetzt das Händchen heraus und schneidet es mit dem Messer auf die gewünschte Länge zu.

Dann werden die Finger
eingeschnitten, dabei ist
darauf zu achten, daß
der Einschnitt für den
Daumen etwas tiefer
angebracht wird. Die
Finger werden schön
gerundet und dann in die
gewünschte Stellung
gebracht. Die Hand-
fläche wird auf der
Innenseite unterhalb des
Daumens mit einem
kleinen Stückchen
Modelliermasse erhöht.

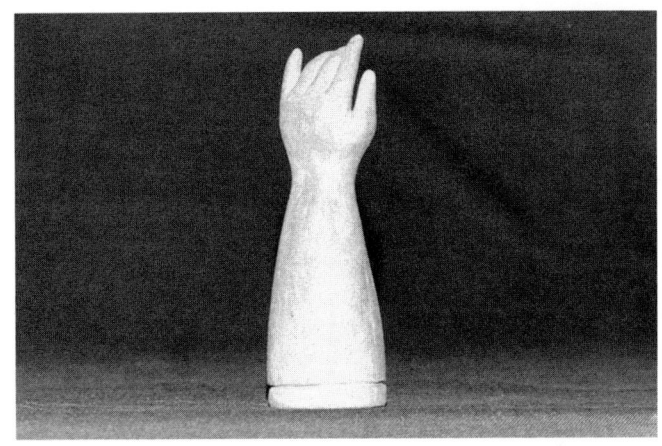

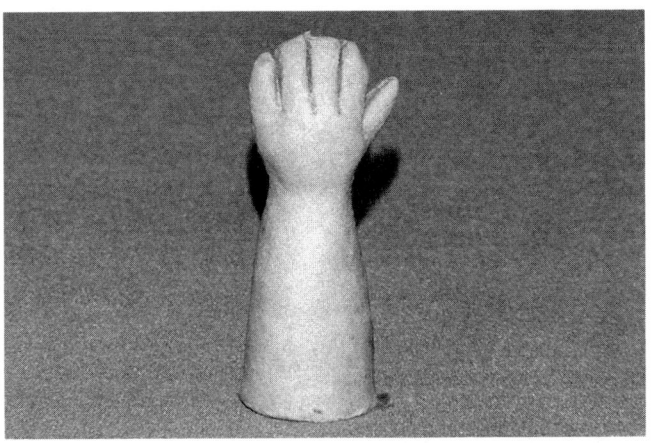

Am unteren Rand der
Arme zieht man mit dem
Messer rund um den
Arm eine Kerbe und
bohrt von unten ein klei-
nes Loch in jeden Arm.
Hier wird später der Arm
mit dem Körper verbun-
den.

Die Beine

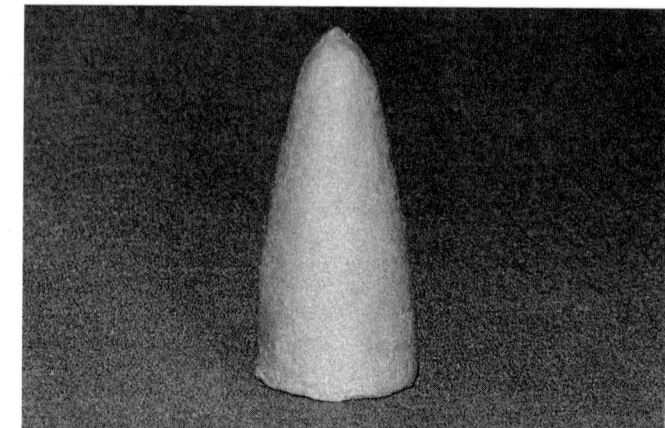

Mit dem Fertigen der Beine beginnt man ähnlich wie bei den Armen. Man stellt eine Rolle her, teilt sie mittig und rollt sie kegelförmig.

Aus einem Stück Modelliermasse formt man ein etwa 5 cm langes Oval, dessen Breite ca. 2 cm und Dicke ca. 1 cm betragen sollte. In dieses Oval drückt man nun das Bein und verbindet durch Glattstreichen beide Teile miteinander.

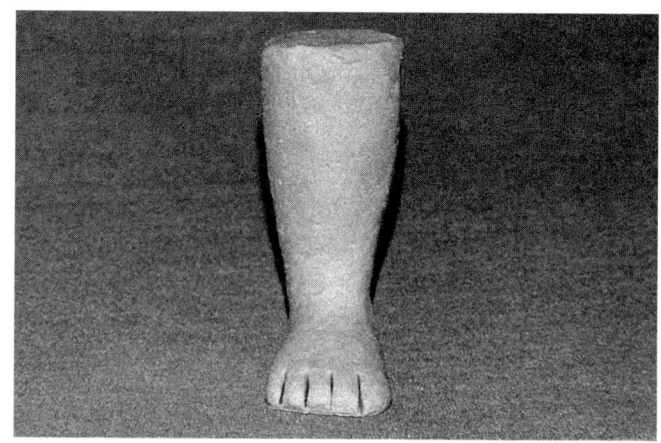

Mit dem Messer wird nun der Fuß zurechtgeschnitten, wobei darauf zu achten ist, daß er vorn etwas breiter wird als hinten und zu den Seiten leicht abflacht.
Man schneidet die Zehennägel ein, formt sie mit dem Modellierstab leicht rund und markiert dann die Zehennägel.

Zwischen Bein und Fußansatz wird ein kleines Röllchen gesetzt und nach oben und unten verstrichen, so daß sich ein weicher Übergang bildet.

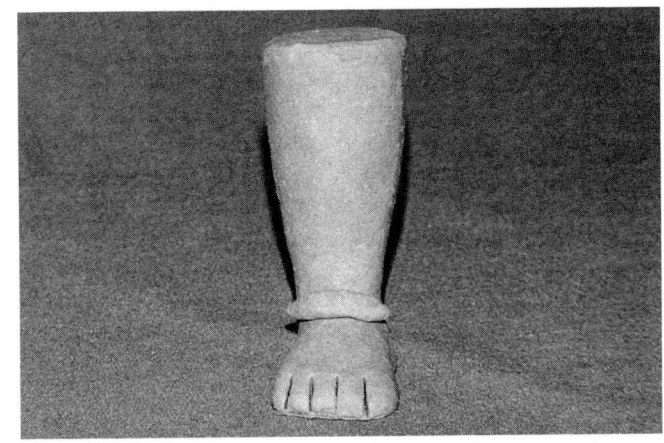

Die Wade wird etwas stärker ausgearbeitet, dazu wird ein kleines Kügelchen an der Ferse verstrichen.

Das zweite Bein wird gegengleich gearbeitet, die Fußsohlen werden zur Kontrolle aneinandergelegt und überprüft, ob Länge, Breite und Dicke gleich sind. Auch die Beine werden ebenso wie die Arme rundherum mit einer Kerbe zur Befestigung am Körper versehen sowie mit je einem Loch von unten zum Einführen des Drahtes.

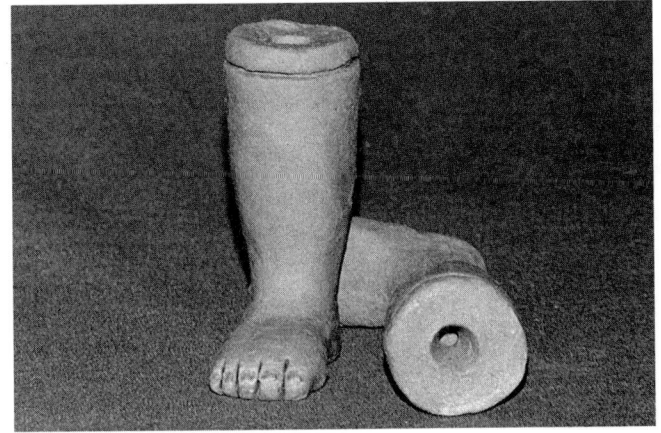

Schleifen

Nach etwa 8 Tagen Trockenzeit kann das Köpfchen geschliffen werden. Man verwendet dazu zunächst Schmirgelpapier Nr. 150, für grobe Unebenheiten Nr. 60. Man schleift modellierend, das heißt durch das Schleifen soll das Köpfchen nicht nur geglättet, sondern die feinen Gesichtszüge noch etwas mehr ausgearbeitet werden. Sehr starke Unebenheiten können mit dem Messer ganz vorsichtig weggenommen werden. Es ist aber sehr wichtig, vorsichtig zu arbeiten, damit die zart modellierten Gesichtszüge nicht wieder geglättet werden.

Nachdem nun alles sorgfältig geschliffen ist, hält man das Köpfchen kurze Zeit unter fließendes Wasser und streicht dann mit nassen Fingern die Oberfläche glatt. Bevor es nun weitergeht, muß das Köpfchen wieder einen Tag lang trocknen. Mit Schmirgelpapier Nr. 360 schleift man dann alles noch einmal gründlich nach. Mit einem kleinen, vorn zur Spitze geknickten Stück Schmirgelpapier lassen sich noch besondere Feinheiten an Augen, Nase und Mund herausholen. Durch Abreiben mit einem Papiertaschentuch reinigt man zum Schluß das Köpfchen vom Schleifstaub. Ebenso behandelt man auch die Arme und Beine.

Grundieren

Der Handel bietet zwar fertige, hautgetönte Farben an, z. B. Plaka oder Wacofin, ich empfehle jedoch, den Hautton selber zu mischen. Besonders gut eignet sich hierfür Tapetenabtönfarbe, z. B. Krautol, da diese Farbe später ein nasses Schleifen zuläßt. Man nimmt als Grundton eine größere Menge Weiß (Krautol) und fügt unter ständigem Umrühren tropfenweise etwas Rot, Braun und Ocker hinzu, bis man den gewünschten Farbton erzielt hat. Mit der fertigen Hautfarbe grundiert man den Kopf, die Arme und Beine, indem man etwa 4- bis 5mal die leicht mit Wasser verdünnte Farbe aufträgt. Wichtig ist, daß jeder Farbauftrag gut trocknet, bevor der nächste Auftrag erfolgt.

Es empfiehlt sich, die Farbe etwa 2–3 Tage gut durchtrocknen zu lassen. Dann wird der Grundton mit Schmirgelpapier Nr. 360–400 vorsichtig naß geschliffen. Die durch das nasse Schleifen leicht gelöste Farbe streicht man mit dem Finger glatt. Sollte man beim Schleifen auf die Modelliermasse stoßen, was leicht geschehen kann, so werden diese Stellen durch mehrfachen Farbauftrag und Schleifen ausgebessert. Man schleift so lange, bis kein Pinselstrich mehr zu sehen ist. Genauso werden auch die Arme und Beine grundiert.

Bemalen

Damit die Augen schön transparent werden, werden sie zunächst ganz weiß ausgemalt; dazu verdünnt man die Farbe ein wenig mit Wasser.

Wenn die Farbe getrocknet ist, zeichnet man mit dem Bleistift die Umrisse der Iris und der Pupille auf. Mit kleinen dünnen Pünktchen markiert man die Augenbrauen und Lider.

Auf einem Teller mischt man dann den gewünschten Augenfarbton. Zum Beispiel helles Blau mit ein wenig Schwarz, dunkles Blau mit etwas Weiß, Grün mit Braun, Schwarz oder Weiß. Dann streicht man sie zunächst auf ein weißes Blatt Papier, um zu sehen, wie sie auf dem Untergrund wirken wird.

Material:
1 Bleistift Nr. 2 B
1 Rotmarderhaar-
pinsel 000
1 Pinsel 2 oder 3
Plaka- oder Wacofinfarbe
schwarz, weiß, rot je
nach gewünschter
Augenfarbe blau, braun
oder grün
1 Teller zum Mischen der
Farben
1 Glas Wasser

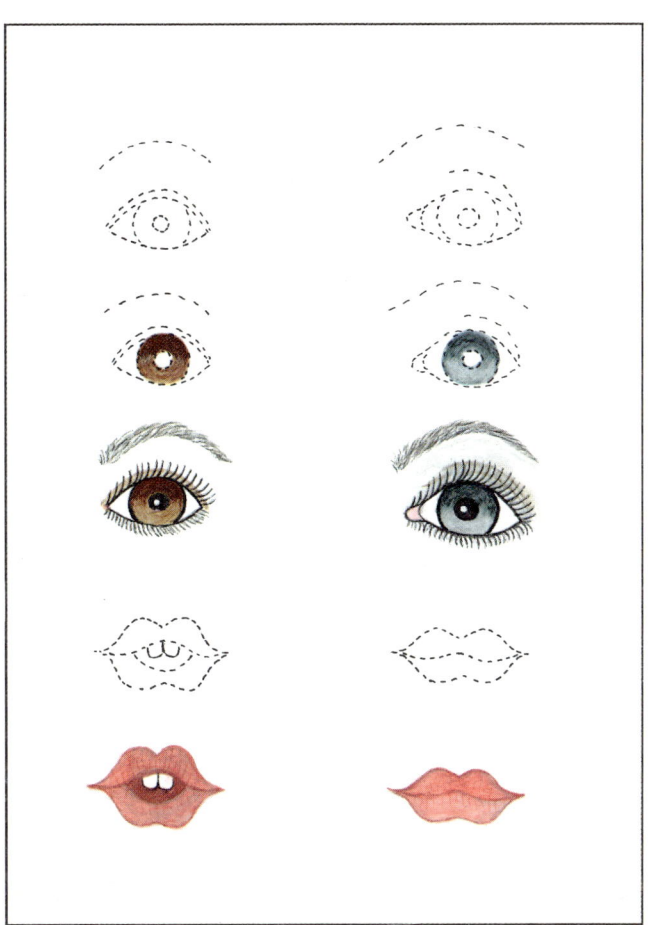

Bei angeklebten Wimpern entfällt die obere Wimpernbemalung

Ist das Resultat gut, verdünnt man die Farbe so, daß sie ziemlich wässerig wird. Man setzt einen kleinen Farbtropfen am oberen Rand der Iris auf und zieht die Farbe mit einem sauberen Pinsel Nr. 2 oder 3 nach unten aus, so daß die Iris in der oberen Hälfte dunkler und unten transparent wirkt.

Dann verdünnt man ein wenig Schwarz mit Wasser, so daß es gut streichfähig ist. Mit dem Pinsel 000 malt man nun die Umrisse der Iris sowie die Pupille aus. Ein kleines weißes Pünktchen in der Pupille bringt das Auge zum Leben.

Mit verdünnter schwarzer Farbe malt man auch die unteren Wimpern und zieht dann darüber, also am unteren Rand des Auges, einen ganz dünnen, leichten schwarzen Strich. Das betont das Auge und macht es ausdrucksvoller.

Für die Bemalung des Lids mischt man einen Farbton passend zur Augenfarbe. Diesen verdünnt man stark mit Wasser und malt das Lid so aus, daß es nur ganz zart getönt ist. Bei Puppen mit kindlichem Gesichtsausdruck malt man einen sanften, leicht ansteigenden Lidbogen. Bei damenhafteren Puppen darf der Lidbogen etwas stärker betont werden.

Die Augenbrauen werden mit verdünnter schwarzer oder brauner Farbe – je nach Haar- und Augenfarbe der Puppe – ganz leicht gestrichelt.

Der Mund

Auch der Mund wird mit dem Bleistift dünn vorgezeichnet. Je nach gewünschter Farbe mischt man Rot mit etwas Schwarz, oder Rot mit etwas Braun oder Weiß, streicht die Farbe auf ein weißes Papier und sieht, ob der Farbton gut gewählt ist. Dann verdünnt man die Farbe mit Wasser, so daß sie ziemlich flüssig wird und sich gut aufmalen läßt.

Mit dem Pinsel Nr. 2 oder 3 malt man den Mund aus, dabei ist darauf zu achten, daß die Unterlippe etwas heller und transparenter gemalt wird als die Oberlippe. Zum Schluß malt man die Konturen der Lippen mit Pinsel 000 im gleichen Farbton noch einmal genau nach.

Die Wangen

Mit Puderrouge werden die Wangen getönt, auch Stirn, Nasenspitze und Kinn bekommen einen leichten Hauch Rouge.

Die Intensität der Farbgebung ist hier natürlich auch abhängig vom Charakter der Puppe.

Die Fuß- und Fingernägel werden leicht rosa getönt.

Wenn die Bemalung fertig ist, schützt man das Puppenköpfchen sowie auch die Arme und Beine durch einen farblosen Mattlack vor Staub und anderen Verschmutzungen. Er wird im Abstand von ca. 20 cm gleichmäßig aufgesprüht; eine dünne Schicht ist völlig ausreichend. Die Lackschicht gut trocknen lassen und dann noch einmal sprühen. So verträgt die Puppe sogar ein leichtes feuchtes Abwaschen.

Dann werden die Augen oben mit anklebbaren Wimpern umrahmt. Man sollte darauf achten, daß die Wimpern schön dicht sind. Sie werden angepaßt, zurechtgeschnitten und mit Kaltleim angeklebt.

Zum Schluß verbindet man den Kopf mit der Brustplatte. Man führt dazu die beiden am Hals herausragenden Gummienden durch das Loch in der Halsöffnung der Brustplatte und verknotet es mit Hilfe des Rundholzes sehr stramm. So läßt sich der Kopf beliebig drehen.

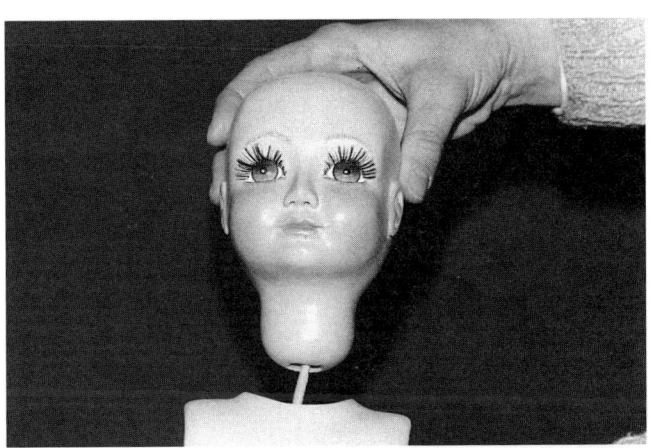

Der fertig bemalte Puppenkopf wird mit der Brustplatte verbunden.

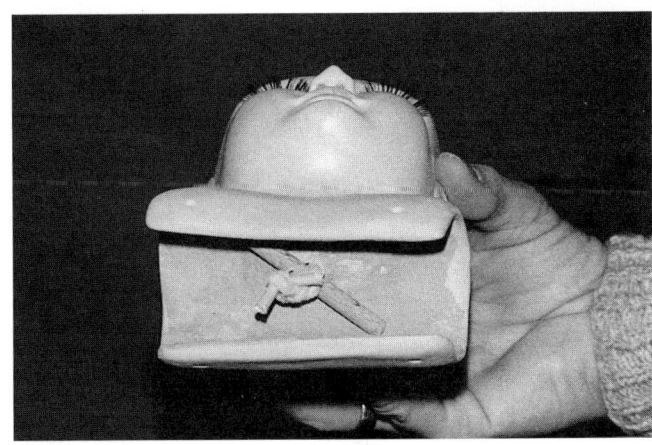

Mit Hilfe eines Rundholzes werden die Gummienden fixiert und bleiben trotzdem drehbar.

Der Körper

Material:
Nesselstoff, Leinen oder
Puppentrikot, Füllwatte

Nach dem Grundschnitt (siehe Seite 41 ff) werden
Körper, Arme und Beine geschnitten. Es wird mit dem
Säumen der Arme und Beine begonnen. Zwischen den
Saumumschlag legt man beim Nähen einen starken
Baumwollfaden, mit dem später Arme und Beine fest-
gebunden werden. (Also den Faden nicht festnähen!)
Dann werden Arm- und Beinnähte geschlossen. Am
Rückenteil des Körpers werden die Abnäher genäht.
Dieses Rückenteil legt man mit der linken Seite nach
unten auf den Tisch, legt Arme und Beine darauf und
steckt sie mit Stecknadeln fest. Das Vorderteil wird
daraufgelegt, festgesteckt oder geriehen und zusammengenäht; dann wird das Ganze umgedreht.

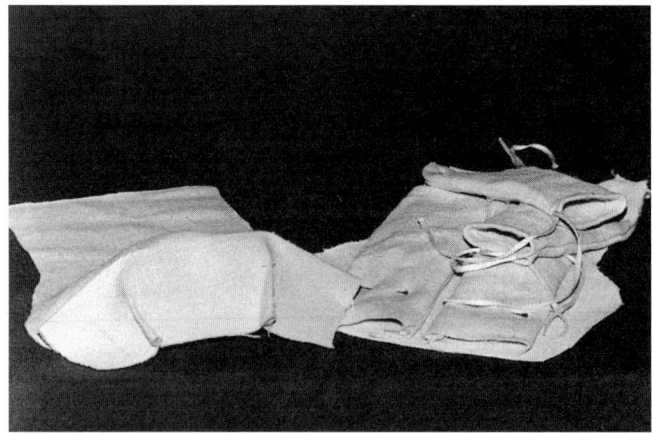

Rücken- und Vorderteil
werden mit Stecknadeln
festgesteckt und dann
zusammengenäht.

Bevor man mit dem Füllen des Körpers beginnt, mißt man ein Stück starken Draht in der Länge der Beine bis zum Hals sowie quer von Arm zu Arm ab. Diesen Draht stößt man durch den Stoff (dabei kann man mit einer kleinen, spitzen Schere etwas nachhelfen) in die Beine und später in die Beinlöcher.

Nun wird der Körper zu drei Viertel fest mit Füllwatte gestopft. Dann wird das abgemessene Stück Draht für die Arme von Arm zu Arm durchgestoßen und der Körper fertig gefüllt.

Mit Füllwatte füllt man die Arme und Beine zu etwa zwei Drittel auf und steppt sie ab. Das verbleibende Stück wird auch leicht gestopft.

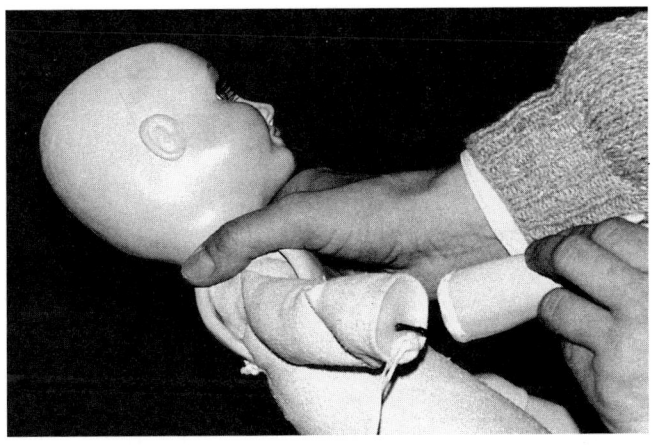

Die Arme und Beine werden jetzt am unteren Rand mit etwas Kaltleim bestrichen. Auch in das für den Draht vorgesehene Loch gibt man etwas Leim. Nun werden die Arme und Beine mit dem Körper verbunden, man drückt den Draht in die dafür vorgesehenen Löcher und bindet den Faden fest zu (siehe Abbildung oben). Um die Arme und Beine bei der weiteren Fertigstellung der Puppe nicht zu verletzen, umwickelt man sie mit etwas Mull.

Dann wird mit einer Polsternadel und starkem Baumwollfaden der an der Brustplatte befestigte Kopf festgenäht.

39

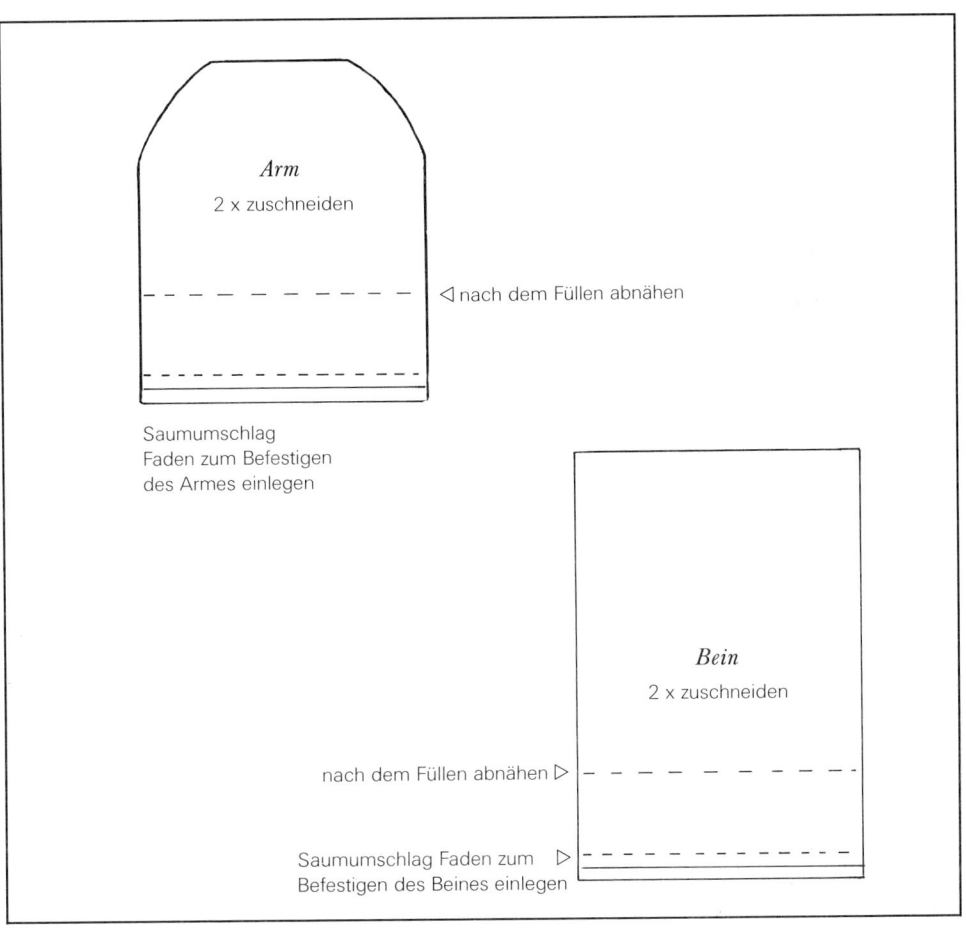

Arm

2 x zuschneiden

◁ nach dem Füllen abnähen

Saumumschlag
Faden zum Befestigen
des Armes einlegen

Bein

2 x zuschneiden

nach dem Füllen abnähen ▷

Saumumschlag Faden zum ▷
Befestigen des Beines einlegen

***Schnittmuster
für den Körper***

Arme und Beine werden zunächst mit Zickzackstich versäubert. Zwischen den Saumumschlag wird nun ein starker
Baumwollfaden zum späteren Befestigen des Körpers gelegt
und dann der Saum abgesteppt. Nun schließt man die Arm-
bzw. Beinnähte und wendet das Ganze.

Vorderteil

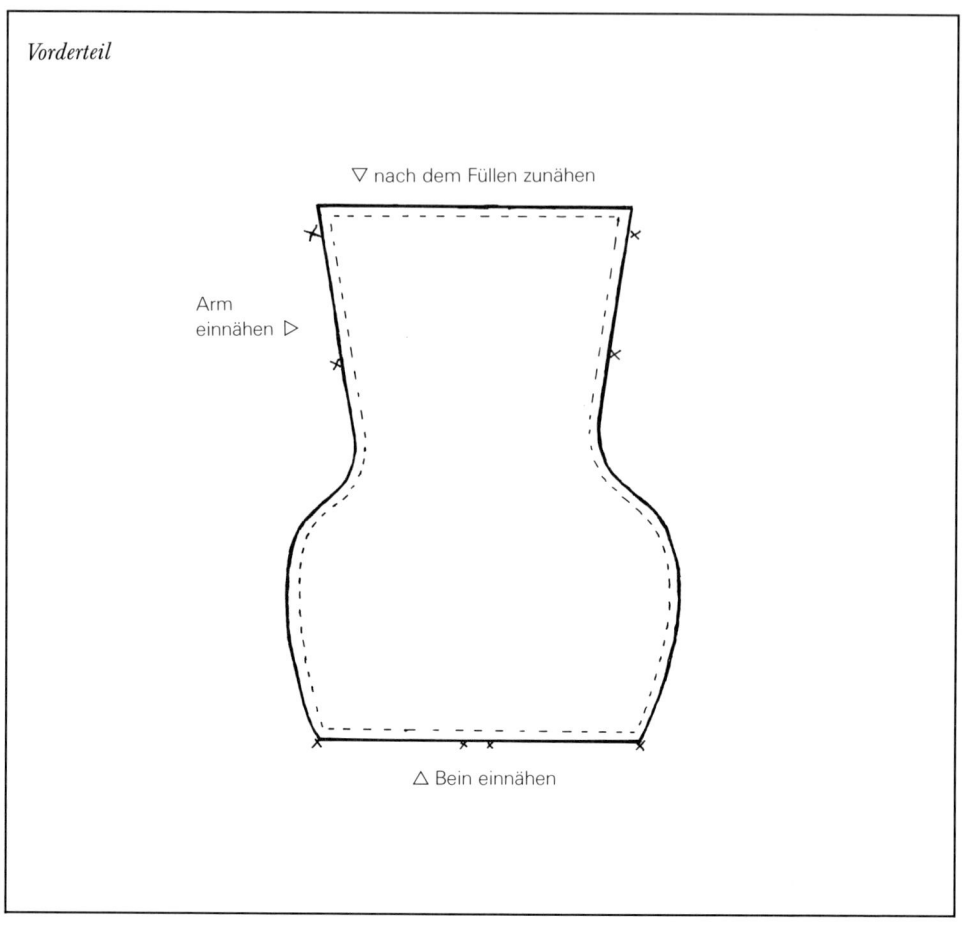

▽ nach dem Füllen zunähen

Arm
einnähen ▷

△ Bein einnähen

Auf das zurechtgeschnittene und versäuberte Vorderteil
werden die fertig genähten Arme und Beine, wie auf der
Abbildung S.38 zu sehen ist, festgesteckt oder geheftet.

Rückenteil

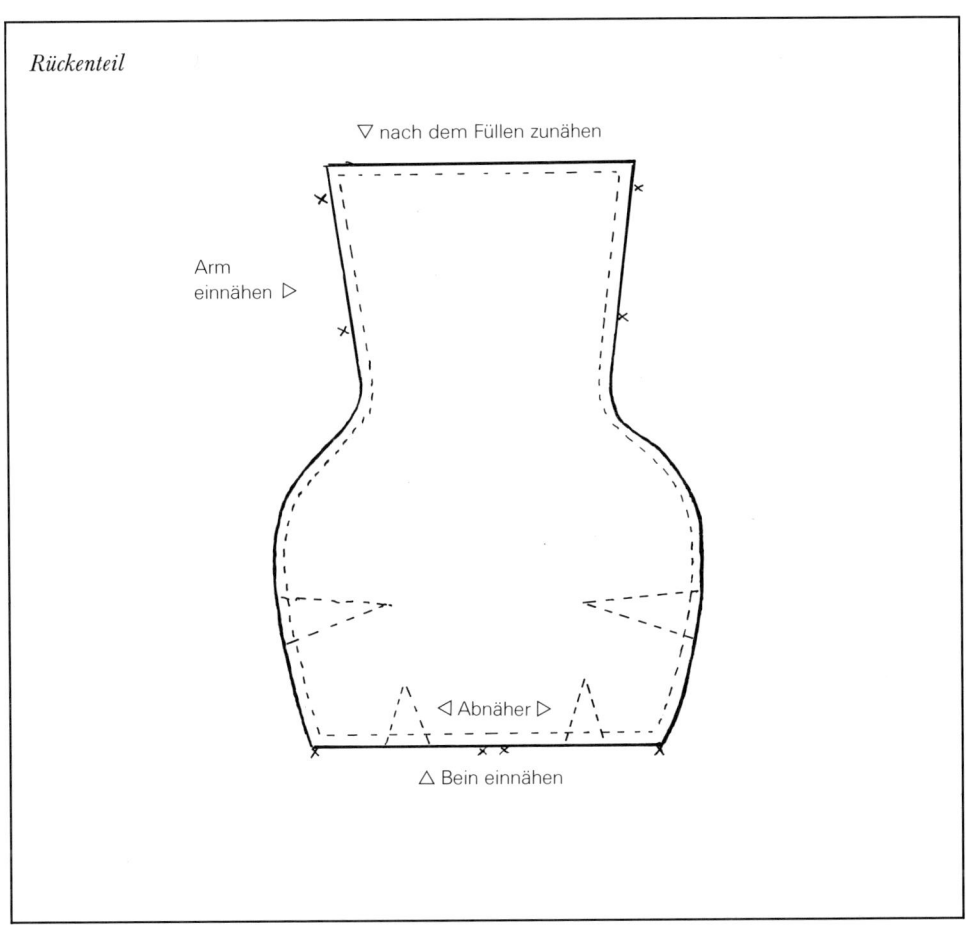

▽ nach dem Füllen zunähen

Arm
einnähen ▷

◁ Abnäher ▷

△ Bein einnähen

Beim Rückenteil werden zunächst die Abnäher gesteppt, dann wird rundherum alles versäubert. Nun werden Rücken- und Vorderteil von der linken Seite zusammengenäht, dabei liegen die Arme und Beine innen.
Das Ganze wird umgestülpt, und fertig ist der Körper.

Unterrock

Für den Unterrock ein 50 cm breites und ca. 28–30 cm langes Stück Stoff säumen und mit Spitze besetzen. Dann die Rocknaht schließen. Oberen Saum umschlagen und für das Durchziehgummi absteppen.

Die Perücke

Es gibt schöne Perücken aus echtem Haar sowie aus Kunsthaar fertig in Bastel- oder Hobbyläden zu kaufen. Am besten nimmt man die Puppe mit, so daß man die richtige Größe und die entsprechende Frisur auswählen kann.

Für alle, die vielleicht noch abgeschnittene Haare haben und sie verwenden möchten, will ich kurz das Perückenmachen beschreiben:
Im Friseurbedarfgroßhandel bekommt man alles, was zum Perückenmachen benötigt wird. Knüpftüll, Gaze und Knüpfnadel. Der Knüpftüll sollte etwa im Farbton der Haare gewählt werden. Man schneidet ein Stück Knüpftüll aus und legt es auf das Köpfchen. Mit Stecknadeln steckt man nun Abnäher ab, 2 hinten, 2 vorn und an jeder Seite einen, so daß es wie ein festes Käppchen anliegt. Jetzt die Abnäher mit kleinen Stichen festnähen. Dann wird alles schön rund geschnitten, dabei nach hinten, im Nacken, etwas länger lassen und an den Ohren kleine Rundungen einschneiden. Einen kleinen Saum nach oben, also auf die Seite der Abnäher, umschlagen und mit kleinen Stichen festnähen. Für den Scheitel oder Wirbel wird ein kleines Stück Gaze ausgeschnitten, auf die gewünschte Stelle geheftet und festgenäht. Dann wird der fertige Perückenuntergrund auf eine der Größe entsprechende Styroporkugel gegeben und mit Stecknadeln festgesteckt.

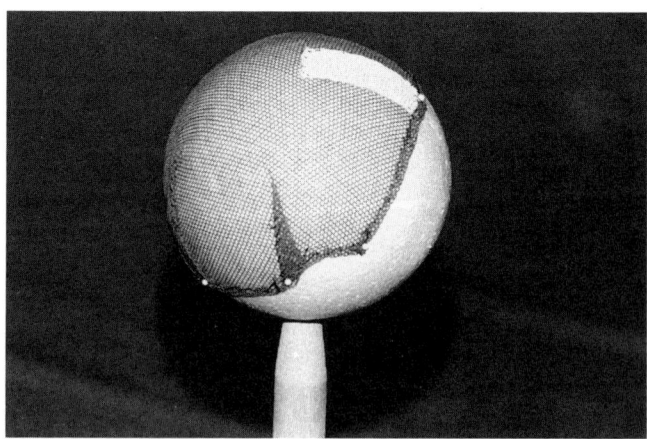

Der vorbereitete Perückengrund wird auf eine Styroporkugel gegeben.

46

Beim Nacken beginnend, nimmt man je 3 Haare mit der Knüpfnadel auf, zieht sie durch ein Loch im Knüpftüll, bildet eine Schlaufe und zieht die Haare durch. Man knüpft in versetzten Abständen und in die Richtung, in die das Haar später fallen soll.

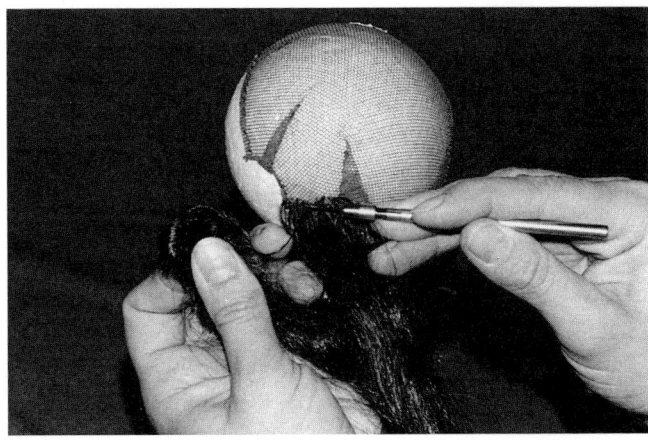

Ist die Perücke fertig geknüpft, schneidet man sie zurecht und bringt sie mit Lockenwicklern in Form. Zum Aufkleben der Perücke verwendet man Kaltleim, er läßt sich, wenn nötig, mit etwas Wasser aus den Haaren spülen.

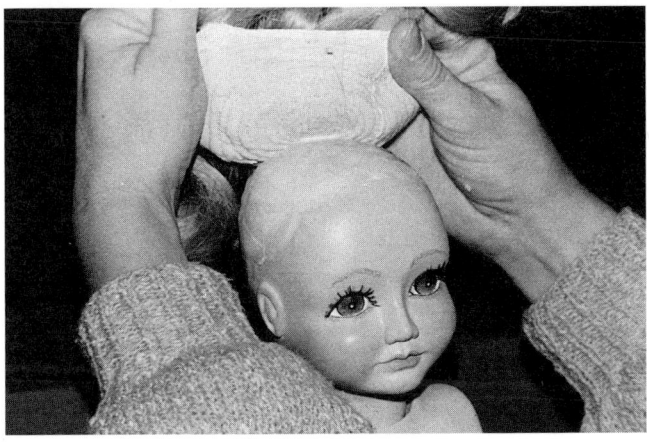

Verfügt man über eine alte geknüpfte Perücke, so schneidet man sie von der Tüllseite etwa 9 cm im Durchmesser rund um den Wirbel oder Scheitel aus. Durch kleine Abnäher auf der linken Seite wird die Perücke angepaßt und mit Stichen gesäumt. Hat man ein aus Haartressen bestehendes Haarteil, so trennt man diese ab, näht aus Knüpftüll ein Käppchen und näht die Haarbänder hinten beginnend rund um das Käppchen an. Damit der Wirbel nicht zu weit nach hinten rutscht, näht man nach 3 oder 4 Runden einige Streifen übereinander an den Hinterkopf und setzt dann die Runden fort. Oben sticht man ein Loch in den Tüll, zieht einen Haarstrang durch und näht ihn fest.

47

Die Kleidung

Auf den folgenden Seiten finden Sie Schnitte für die Puppenkleidung, sie sind für unsere selbstmodellierten Puppen passend. Nur die Halsweite und Armbündchen müssen nachgemessen werden, da diese bei modellierten Puppen unterschiedlich sein können.

Die Schuhe

Wer keine Schuhe kaufen möchte, kann sie auch selber machen. Ein Grundschnitt dafür ist auf Seite 63 zu finden. Er muß jedoch dem Fuß angepaßt werden, da modellierte Füße unterschiedlich groß sein können. Für die Schuhe verwendet man Leder oder Kunstlederreste. Auch aus alten Handschuhen sowie Taschen, Gürteln usw. kann man Schuhe herstellen. Der Grundschnitt für die Sohle wird auf ein Stück Pappe übertragen. Dann stellt man das Füßchen darauf und schneidet, falls nötig, etwas größer oder kleiner aus. Aus Leder wird die gleiche Sohle noch einmal geschnitten. Die Oberteile der Schuhe paust man auf ein Stück Papier und paßt sie den Füßchen an. Wenn nötig, werden sie abgeändert, dann auf das Leder gelegt und ausgeschnitten. Mit Steppstichen werden beide Teile seitlich zusammengenäht. Danach schneidet man den unteren Rand an den Rundungen mehrfach ein und klebt ihn an die Pappsohle, auf die man dann die Ledersohle klebt. Auch oben wird der Schuh an den Rundungen mit kleinen Einschnitten versehen, die als Saum nach innen verklebt werden.

Hüte aus Bandstroh

Das Bandstroh vor der Verarbeitung eine halbe Stunde in lauwarmes Wasser legen. Nach dem Einweichen leicht abtrocknen. Man beginnt mit dem Hutdeckel und formt ein kleines flaches Rundteil, das man zusammennäht.

So näht man Runde um Runde aneinander, bis der Hutdeckel so groß ist, daß er fast den Puppenkopf bedeckt. In gleicher Weise wird das gerade Seitenteil des Hutes gefertigt. Wenn es hoch genug erscheint, setzt man wieder Runde um Runde für den Hutrand an. Um dem nun fertigen Hut die richtige Form zu geben, macht man ihn naß, zieht ihn über eine Konservendose und formt den Hutrand.

Nach dem Trocknen kann der Hut mit Federn, Seidenblümchen, Tüll oder Schleifen je nach Geschmack verziert werden.

51

Kleine Nähanleitung

Die abgebildeten Schnittmuster sind für die hier beschriebenen Puppen passend. Da jedoch modellierte Puppen immer ein wenig anders ausfallen, ist es wichtig, die Maße, vor allem am Halsausschnitt und an den Armen, wie auch die Rocklänge jeweils zu überprüfen.
Für alle Schnittmuster gilt: 1 cm entspricht im Original 2 cm.

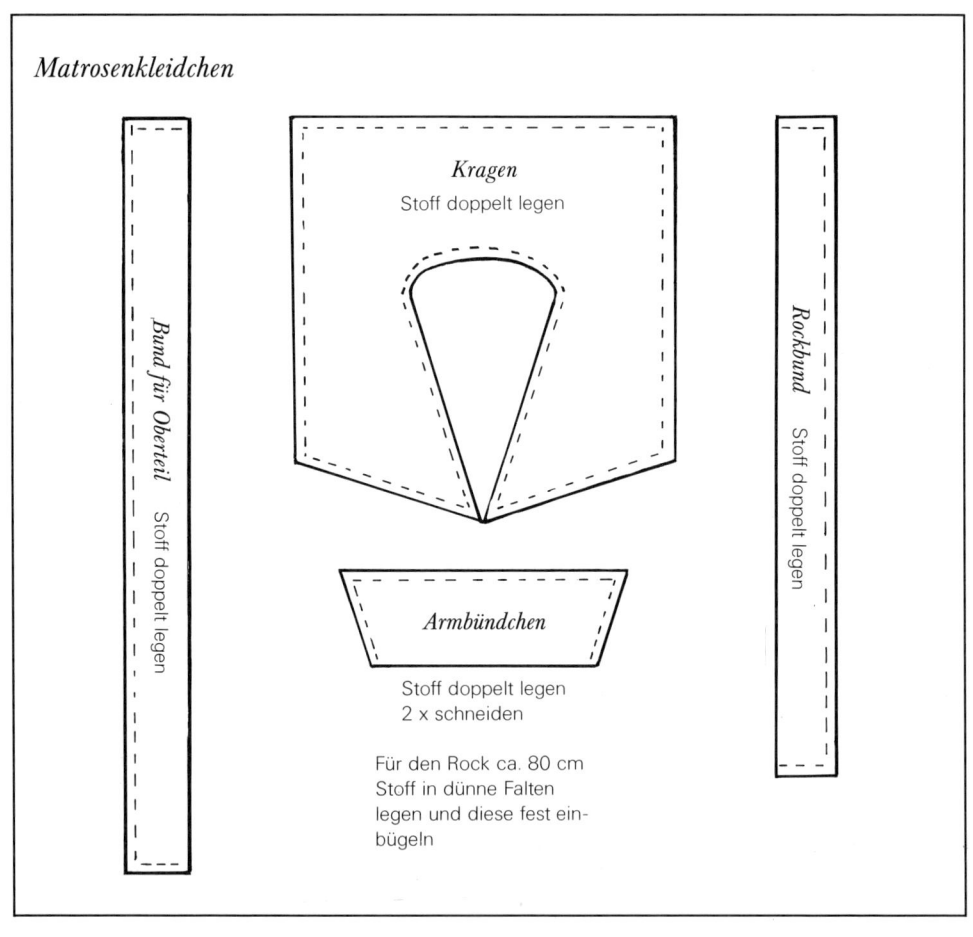

Matrosenkleidchen

Bund für Oberteil Stoff doppelt legen

Kragen
Stoff doppelt legen

Armbündchen

Stoff doppelt legen
2 x schneiden

Für den Rock ca. 80 cm
Stoff in dünne Falten
legen und diese fest ein-
bügeln

Rockbund Stoff doppelt legen

Die zurechtgeschnittenen Teile an allen Kanten versäubern, die Seitennähte schließen, die Ärmel oben einkräuseln und annähen. Dann die Ärmel unten einkräuseln und Arm- und Seitennähte schließen. Ärmelbündchen mit je 3 weißen oder blauen dünnen Bändchen besetzen, annähen. Halsausschnitt säumen und das Oberteil unten mit einem Bündchen einfassen, dabei leicht einhalten, so daß es blusig fällt. Rückenteil säumen und mit Druckknöpfen verschließen.

Für den Rock ca. 80 cm Stoff säumen und am unteren Rand mit 3 dünnen weißen oder blauen Bändchen besetzen. Stoff in kleine, gleichmäßige Falten legen, einbügeln. Taillenbündchen annähen.
Den Kragen am äußeren Rand mit weißen oder blauen Bändchen besetzen, das 2. Kragenteil von links nähen, umstülpen, ausbügeln, säumen. Mit Druckknöpfen am Oberteil befestigen.

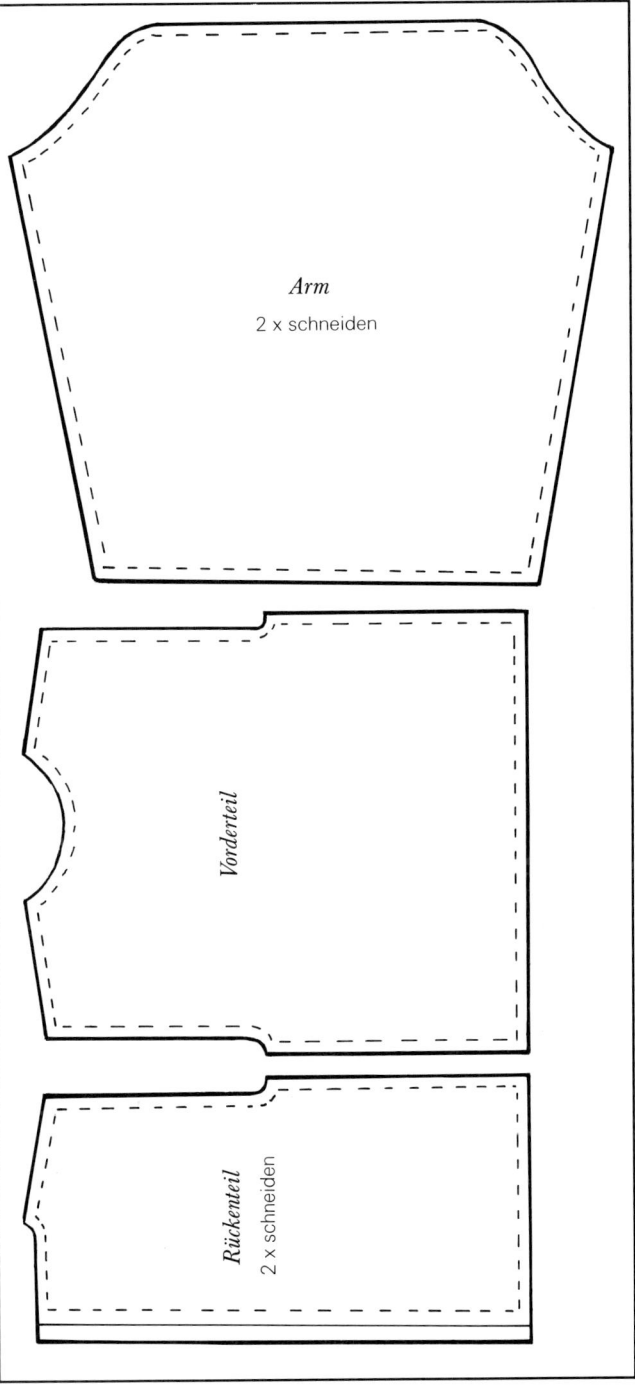

Arm

2 x schneiden

Vorderteil

Rückenteil

2 x schneiden

II PLACE -SILVER
GDS Competition Brighton
PLACE -SILVER
Competition Brighton
Brighton 1985
PLACE -SILVER
Brighton 1985

Hose

Stoff doppelt legen 2 x zuschneiden

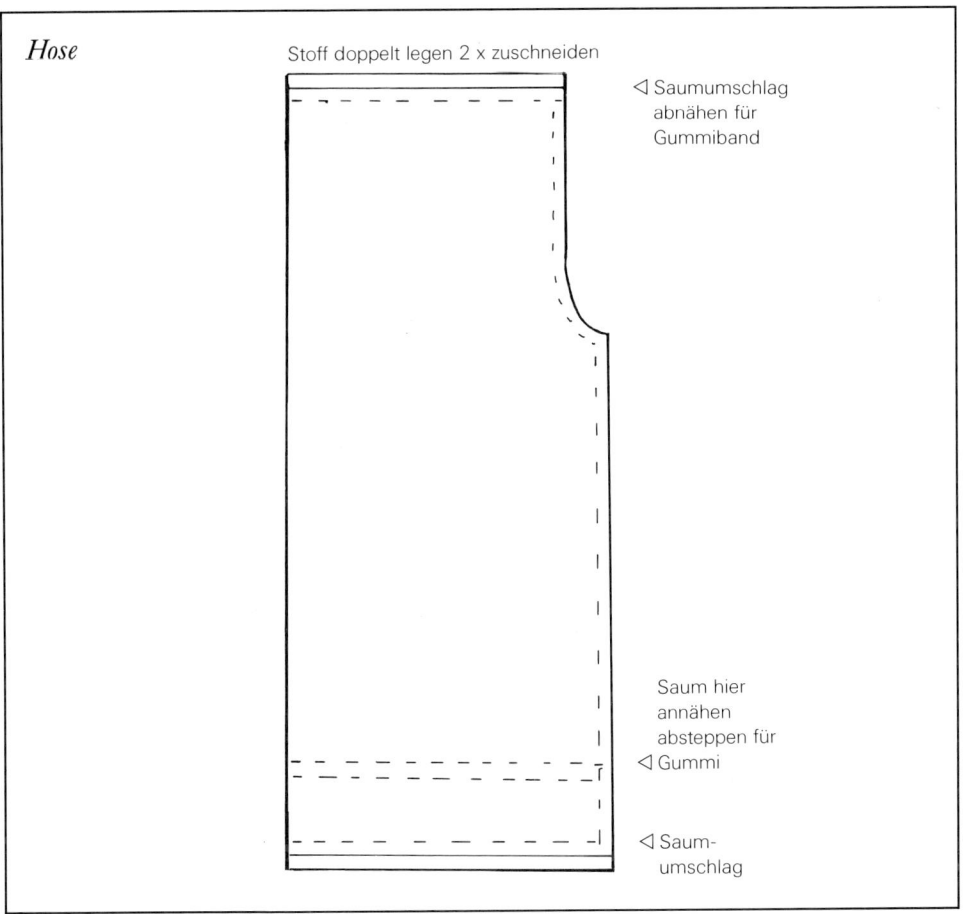

◁ Saumumschlag
abnähen für
Gummiband

Saum hier
annähen
absteppen für
◁ Gummi

◁ Saum-
umschlag

Den zugeschnittenen Stoff an der Mittelnaht zusammennähen, die Hosenbeine umschlagen und für das Durchziehgummi absteppen. Den Saum mit Spitze verzieren und die
Beinnähte schließen. Am Bund den Saum umschlagen und
für das Durchziehgummi abnähen.

Kleid taillenlang

Rock ca. 80 cm weit und 28 cm lang

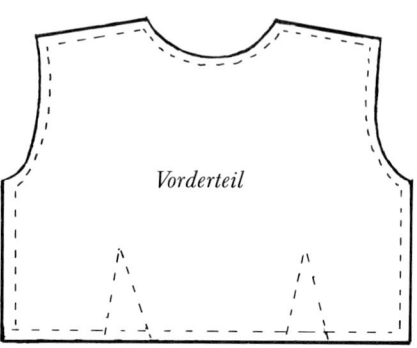

Vorderteil

Ärmel-Bündchen

2 x zuschneiden
Stoff schräg schneiden
und doppelt legen

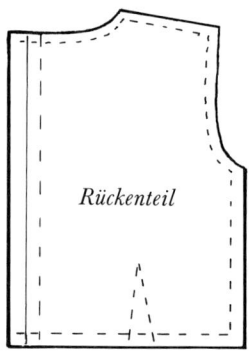

Rückenteil

2 x schneiden

Bündchen-Halsabschluß

Stoff doppelt legen, schräg schneiden

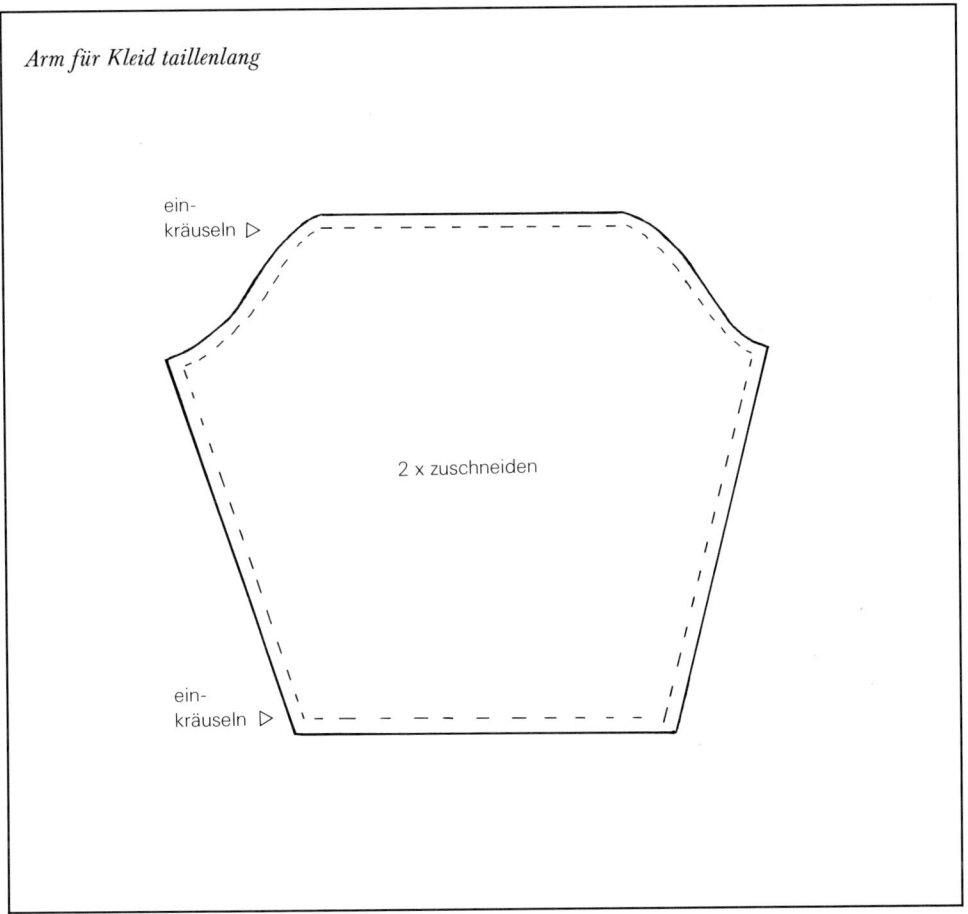

Arm für Kleid taillenlang

ein-
kräuseln ▷

2 x zuschneiden

ein-
kräuseln ▷

Die zurechtgeschnittenen Teile werden an allen Seiten und Kanten mit Zickzackstich versäumt. Dann werden die Abnäher genäht. Vor dem Zusammennähen wird nun das Vorderteil je nach Geschmack mit Spitzen, Rüschen oder Bändchen besetzt. Man schließt zunächst die Schulternähte, kräuselt die Ärmel oben ein und näht sie an das Oberteil, dann werden die Ärmel unten gekräuselt und die Arm- und Seitennähte geschlossen. Danach setzt man die Armbündchen und das Halsbündchen oder den Kragen an. Nun wird der Rock gesäumt, oben eingekräuselt und an das Oberteil genäht. Zum Schluß wird die Rocknaht geschlossen und das Rückenteil gesäumt.

Hängerkleidchen

Rock ca. 80 cm weit und 30 cm lang

Vorderteil

◁ vor dem
Zusammennähen
Spitze rüschen und
annähen

Rückenteil
2 x zuschneiden

Armbündchen

Stoff doppelt legen,
schräg schneiden
2 x zuschneiden

Kragen

Stoff doppelt legen,
schräg schneiden
2 x zuschneiden

Ärmel
2 x zuschneiden

Das zurechtgeschnittene Kleidungsstück wird zunächst an allen Kanten mit Zickzackstich versäumt. Vor dem Zusammennähen wird das Vorderteil je nach Geschmack mit Spitzen und Rüschen verziert. Dann werden die Schulternähte geschlossen. Man kräuselt die Ärmel oben ein und näht sie an das Oberteil, dann kräuselt man sie unten und schließt die Arm- und Seitennähte. Nun setzt man die Armbündchen, den Kragen oder das Halsbündchen an. Nach dem Säumen und Einkräuseln des Rockes wird dieser an das Oberteil genäht. Zum Schluß wird die Rocknaht geschlossen und das Rückenteil gesäumt.

Bei den Schuhen ist das Maßnehmen besonders wichtig, da modellierte Füße sehr unterschiedlich sein können. Die aus Leder zurechtgeschnittenen Teile werden an allen Rundungen mit kleinen Einschnitten versehen. Die äußeren Kanten des Schuhs werden abgesteppt oder geklebt. Dann wird das halbrunde Vorderteil an das hintere Teil genäht. Das genähte obere Schuhteil wird nun durch Ankleben mit der aus Pappe zugeschnittenen Sohle verbunden. Dann wird die Ledersohle aufgeklebt. Die Löcher zum Durchziehen eines Bändchens werden an der angegebenen Stelle rund ausgeschnitten und evtl. mit Ösen versehen.

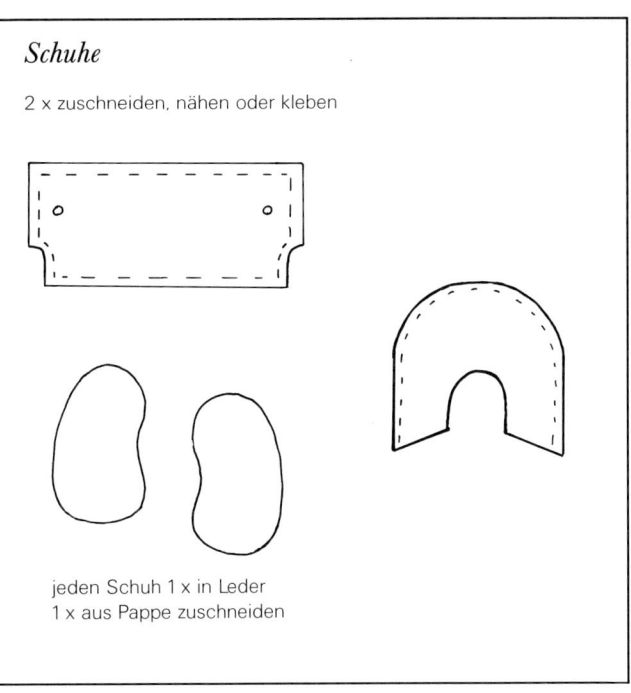

Schuhe

2 x zuschneiden, nähen oder kleben

jeden Schuh 1 x in Leder
1 x aus Pappe zuschneiden

Den zweimal zugeschnittenen und mit Vlieseline verstärkten Hutrand vor dem Zusammennähen mit Spitze verzieren. Von der linken Seite zusammennähen, so daß die Spitze innen liegt. Den Hutrand umstülpen und versäubern. Den Hutrand an das Häubchen nähen. Mit dem aus Futterstoff genähten Häubchen wird der Hut von innen versäubert.

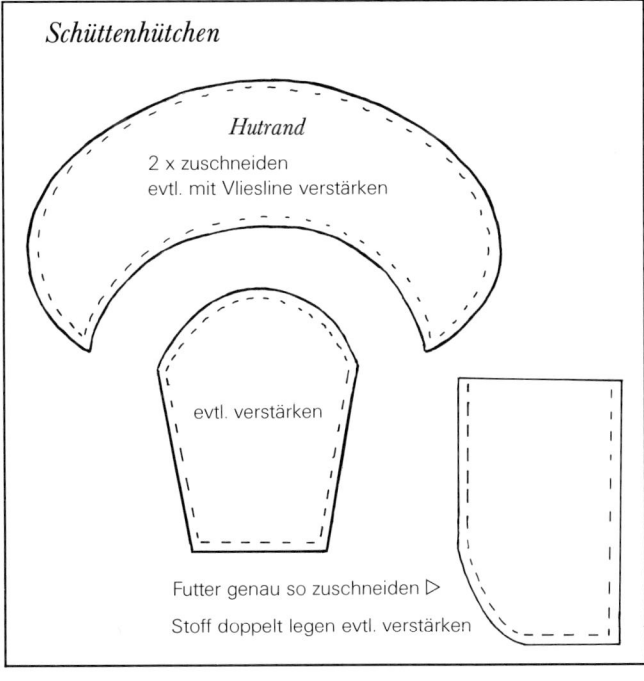

Schüttenhütchen

Hutrand

2 x zuschneiden
evtl. mit Vliesline verstärken

evtl. verstärken

Futter genau so zuschneiden ▷

Stoff doppelt legen evtl. verstärken

Ravensburger®

HOBBYKURSE

geben
Schritt-für-Schritt
Anleitungen
zu interessanten
Hobbytechniken

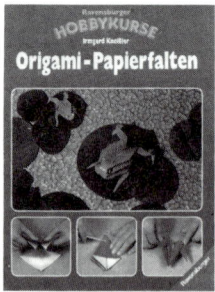